한국디카시학 디카시선 033

웃는 귀

서훈기 디카시집

도서출판 실천

웃는 귀

한국디카시학 디카시선 033

초판 1쇄 인쇄 | 2025년 10월 27일
초판 1쇄 발행 | 2025년 11월 10일

지 은 이 | 서훈기
펴 낸 이 | 이어산
기 획 · 제 작 | 한국디카시학회
발 행 처 | 도서출판 실천
등 록 번 호 | 서울 종로 바00196호
　　　　　 | 진주제2021-000009호　등 록 일 자 | 2018년 7월 13일
서울사무실 | 서울특별시 종로구 율곡로 6길 36　| 2021년 3월 19일
　　　　　　 02)766-4580, 010-6687-4580
본사사무실 | 경남 진주시 동부로 169번길 12. 윙스타워지식산업센터 A동 705호
　　　　　　 055)763-2245, 010-3945-2245　팩스 055)762-0124
편 집 · 인 쇄 | 도서출판 실천
편 집 장 | 김성진

값 15,000원

* 이 책은 전부 또는 일부 내용을 재사용하려면 저작권자와 '도서출판 실천'의 동의를 받아야 합니다.
* 이 책의 국립중앙도서관 출판예정도서목록(CIP)은 서지정보유통지원시스템(http://seoji.nl.go.kr)과 국가자료종합목록시스템(http://www.nl.go.kr/kolisnet)에서 이용하실 수 있습니다.
* 잘못된 책은 교환해드립니다

웃는 귀

서훈기 디카시집

■ 시인의 말

특별하지 않은 날들.
흙을 밟아야 시작하는 하루.
농촌생활은 고단함의 무한 반복이다.
이 반복은 지겹고 고맙다.
물소리 새소리 바람소리
사소한 자연의 기척으로도
나를 벼리고 닦을 수 있기 때문이다.
이 디카시집은
이런 사소한 공부의 기록이고
나의 어리석음에 대한 반성이다.
부디 오래오래 부끄러워하고자
굳이 책으로 엮는다.
감사드려야 할 분들이 너무 많아서
부득불 생략하는 것으로 인사를 삼는다.

2025년 가을
서훈기

■ 차례

1부
못 박힌 흔적으로
내 가슴에 다시 못을 박는

손의 백서 · 12
웃는 귀 · 14
그물 · 16
동사(凍死) · 18
숨은그림찾기 · 20
늑골 · 22
은퇴자 · 24
응원 · 26
부모 · 28
엄마의 시력 · 30
외사랑 · 32
개구리알 · 34
나 떨고 있니? · 36
아침 · 38

2부
하루살이라고
하루만 스승이 아니구나

이명(耳鳴) · 42
하루살이 스승 · 44
길들이기 · 46
어머니의 충고 · 48
상좌 · 50
오형제 · 52
일미(一味) · 54
그때 알았더라면 · 56
연등회 · 58
다 때가 있는 법 · 60
마주보다 · 62
팔자 · 64
분봉(分蜂) · 66
부재중 · 68

3부
님 떠나간 후에야
청춘이 끝났음을 알았네

메카와 메디나 · 72
좋은 시절 · 74
염화미소 · 76
노다지 · 78
긴 장마 · 80
얼굴들 · 82
미련 · 84
오수(午睡) · 86
일상탈출 · 88
참나[眞我] · 90
내게로 오라! · 92
비상(飛翔) · 94
경고 · 96
가족 · 98

4부
넌 바닥을 닦고
난 마음를 닦고

악마의 미소 · 102
밤 · 104
전장(戰場) · 106
동심 · 108
오해 · 110
원력(願力) · 112
경지 · 114
사랑의 열매 · 116
연결 · 118
작별 · 120
도반(道伴) · 122
학습 · 124
막대사탕 · 126
왕관 · 128

5부
저 힘으로 견디셨을 것이다
쓰디쓴 담배 한 대의 힘으로

구원 · 132
쉼 · 134
명절맞이 · 136
아침 창문을 여니 · 138
사랑 · 140
잠시 추억에 젖어 · 142
길 위의 삶 · 144
봄나물 · 146
아들의 카톡 · 148
진심 · 150
한 대의 힘 · 152
나는 · 154
건너가기 · 156
환생 · 158

1부
못 박힌 흔적으로
내 가슴에 다시 못을 박는

손의 백서

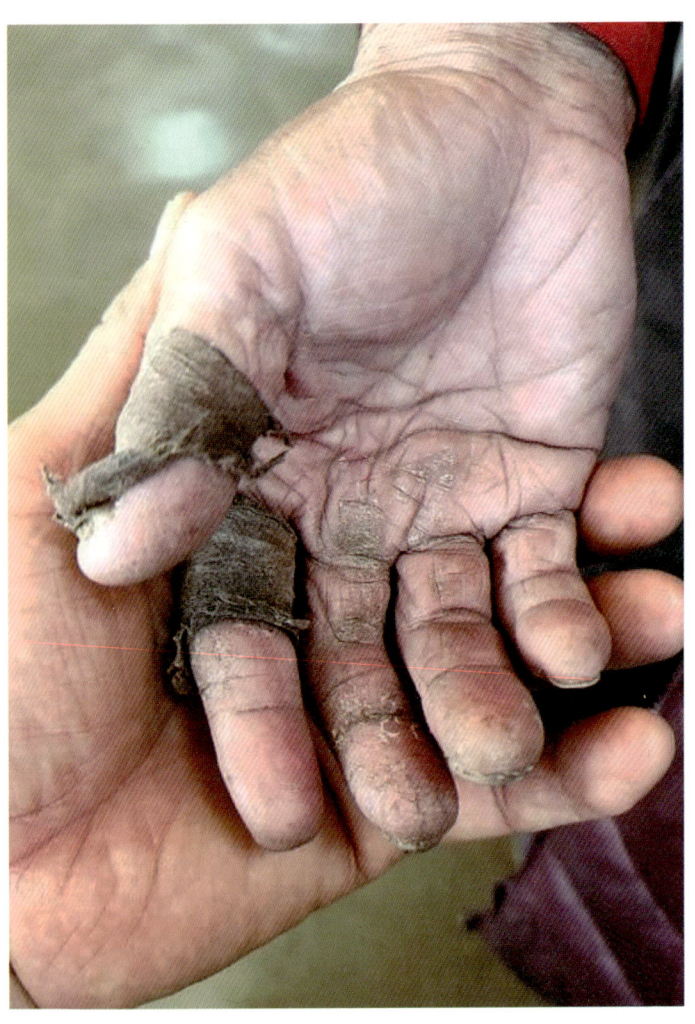

저건 땀과 눈물로 쓴

짜디짠 역사(歷史)이시다.

못 박힌 흔적으로

내 가슴에 다시 못을 박는

나의 성자이시다.

웃는 귀

당신의 웃는 얼굴은

구름에 가려도 환하네.

칠흑 같은 밤에도

웃음소리만 가득하네.

그물

세월이 쳐놓은 그물에

꽃게 한 마리 걸렸네.

던진 자도 없는 그물에

아득한 세월이 걸렸네.

동사(凍死)

내가 너무 성급했다.

네가 한 번 웃어준다고

내 잘못을 모두

용서한 건 아니었나보다.

숨은그림찾기

살다보면 필요하지.

들어내기보다 감출 줄 아는 지혜.

감춘 게 다 보여도 모르는 척

눈감아주는 지혜.

늑골

닳고 닳은 늑골 속

피 끓는 심장이

죽은 대지에

생명을 불어넣고 있을 거야.

은퇴자

한때는 늠름한 황소였고

소 같은 친구였고

흰소를 찾아가는 도반이었고

지금은 꽃에 둘러싸여

녹슬어가는 시간을 응시하는.

응원

한 평생 모진 풍파

생사고락을 함께했네.

이제는 서로 박수쳐주네,

고생했다고 행복하라고.

부모

손등의 불거진 혈관처럼

띄엄띄엄 흉터로 이어진

상처의 몽타주가 당신이라니.

엄마의 시력

아무리 똑 같아도 보인다.

내 아들은 보인다.

내 아들만 보인다.

엄마 눈에는 너만 보인다.

외사랑

그대만 만나면

숨이 멎고 눈이 멀고

헤어나지 못한 채

단꿈에 빠져드네.

개구리알

저 소리 들리는가?

보석처럼 찬란한

생명의 숨소리가.

새봄을 예찬하는

환희의 송가가.

나 떨고 있니?

집 안에서 으르렁거린다.

지금 네가 떨고 있는 거니?

아니면,

내가 떨고 있는 거니?

아침

보트에 시동을 걸면

내 심장에 시동이 걸린다.

내 하루에 시동이 걸린다.

2부
하루살이라고 하루만 스승이 아니구나!

이명(耳鳴)

귓속에 별별 소리가 산다.

돌 굴러가는 소리.

기차바퀴 소리.

웅— 웅— 벌 소리.

그분이 나를 부르는 소리.

하루살이 스승

하루를 살아도

저렇게 바삐 움직이는데

밥값은 제대로 하고 살아야지.

하루살이라고

하루만 스승이 아니구나!

길들이기

엄마, 나 배고파.

방금 먹었잖아.

쫌만 더 주면 안 돼?

안 돼!

어머니의 충고

이것아!

모난 돌이 정 맞는다.

그냥 바람 부는 대로

물결치는 대로

살아라, 제발!

상좌

스님 어디가세요?

저도 데리고 가면 안 돼요?

아니다, 좀 더 수행하거라!

금방 다녀오마.

오형제

시골은 형제가 많을수록 좋다.

오뉴월 망종절에는

부지깽이도 거든다는데

내년 농사는 수월하겠다.

일미(一味)

할아버지께서는 말씀하셨지.

어두육미,

자고로 생선은 대가리가 맛나나니.

생선들은 그저 웃고만 있지.

그때 알았더라면

아, 진즉에 알았더라면

꽃다운 내 청춘

갈팡질팡하지 않고

그냥 쭈우욱 가보는 건데.

연등회

평사리 가을은 노랗다.

구름모자 이고지고 바람 따라 덩실덩실.

우리네 농부님들 추수는 걱정 마소.

하늘에서 동자승이 바라춤 추며

달려온다오.

다 때가 있는 법

사는 게 어디 쉬운 게 있는가?

죽치고 기다리다 보면

배부른 세상 오겠지.

마주보다

바람 한 점 없어도 마음은 흔들리고

반쪽을 찾아 밤낮으로 헤매 다녔지만

언제나 그 자리 빙빙빙 돌고 도는 인생.

여기서 잠시 쉬었다 가면 좋겠네.

팔자

자존심 같은 건 없다.

치킨 부스러기라도

먹는 날이 내 생일이다.

분봉(分蜂)

알았으니 시위 그만해라!

집 나오면 고생인데

자자, 이제 그만 들어가자.

부재중

그대에게 다가가려는 내 마음은

우주 끝까지 닿을 듯 안테나를 세우지만

당신은 오늘도 부재중.

3부

님 떠나간 후에야
청춘이 끝났음을 알았네.

메카와 메디나

일생에 꼭 한 번은

넘어야 하는 선이 있지.

기꺼이 그 선을 넘어서라도

닿고 싶은 곳이 있지.

좋은 시절

니들이 내 맘을 알어?

말도 못하게 행복하다오.

지금 이 순간.

염화미소

한낮 뙤약볕

뭇 중생의 비지땀

피어나는 웃음꽃이여.

노다지

알알이 맺힌

물방울 다이아,

꿰어도 꿰어도

가도 가도 금광이다.

긴 장마

하루를 살아도

치열하게 살아야지 하면서도

때론 제풀에 소금 간 치듯 쓰러지고

내 인내심이 오뉴월 땡볕에 바닥을 보인다.

얼굴들

개똥밭에 굴러도 이승이 좋다고

누가 그리 말했나?

부처님인가? 예수님인가? 우리 아부지인가?

못난 얼굴 숨길 곳이 없구나!

미련

님 떠나간 후에야

청춘이 끝났음을 알았네.

오수(午睡)

이제

잠자리에 들 시간입니다.

그렇게 졸지 마시고

두 다리 쭈욱 뻗고

똑바로 서서 자도 됩니다.

일상탈출

지나온 흔적을 지우지 않아도

불타는 노을 속에서는 모두가 태양.

참나[眞我]

껍데기는 가고 알곡만이 빼곡했던 세월

그것이 본성이란 걸 떠나고 난 이후에

알았네.

보이는 것이 전부가 아니라고 절규하는

터지는 심장소리 마저도 외면했네 그때는.

내게로 오라!

함께

다 같이

더불어

살아갈 때 아름답다.

비상(飛翔)

발바닥부터

한 올 머리털까지도 놓아버려라.

포말처럼 사라질 때

비로소 나는 자유인이다.

경고

감히

내 영역을 침범하다니.

내려가면 너희들 죽는다.

꼼짝 말고 거기 있거라!

가족

나는 운동하는데

너는 개고생이구나!

그래도

우리는 가족이잖니.

4부

넌 바닥을 닦고
난 마음을 닦고

악마의 미소

속은 새까맣게 감춘 채

엄동설한 칼날 같은 미소가

폐부를 찌른다.

밤

무시무시한 어둠과

무시무시한 가시와

늘 함께 한다네.

전장(戰場)

여기는 고요한 전쟁터,

고기는 생사와 싸우고

나는 시간과 싸운다.

동심

아침해를 바라보며

밤새 커버린 내 키,

일찍 자야 키 큰다시던

어머니 목소리 그립네.

오해

우리를 오해하지 마!

너희들을 감시하는 게 아니야.

보호하려고

경계근무 중이야.

원력(願力)

칠불사 영지 금붕어는

똥구멍으로 염불을 하는지

금빛 말씀 한 구절 읽으면

시주금이 둥둥 떠다닌다네.

경지

임자, 눈 안 아파?

이녁은 어뗘요?

한평생 하는디 몬치(만져)보면 알지!

이마를 마주대고 콩알콩알

알콩달콩 콩을 가리지.

사랑의 열매

보는 것만으로도

얼었던 몸에

빨갛게

생기가 돕니다.

연결

신작로가 그렇고

전깃줄이 그렇고

내 발걸음이 그렇듯이

끊어지면 답답해서

울화병 난다지.

작별

이보다 더 초라한 적이 있었던가?

이보다 더 따뜻한 적이 있었던가?

그대의 마지막 손길.

도반(道伴)

넌 바닥을 닦고

난 마음을 닦고

학습

잘 봐둬!

어떤 일이 있어도

한 눈 팔지 말고

정신은 바짝 차리고.

막대사탕

한때는 그 먼 길도 길동무였고

십 리 길도 한 걸음처럼 가벼웠던

한없이 푸르던 그 시절이 그리워

순간 입안에 침이 왕창 고였다.

왕관

태어나면서부터

나는 왕이야 왕!

들어봤어? 임금님 진상품,

대봉감이랑께!

5부

저 힘으로 견디셨을 것이다
쓰디쓴 담배 한 대의 힘으로

구원

주님은 하늘에 계시고

중생은 땅에서 헤매십니다.

쉼

이제 눈치 보지 말고 살자.

내 나이가 몇인데, 까짓 거

눈부신 파란하늘 올려보는

잠시 동안만이라도 날개를 접자.

명절맞이

어머니의 사랑은

밤이나 낮이나

깊게 스며듭니다.

아침 창문을 여니

나는 오늘

복권 사러

읍내 간다!

사랑

한없이 낮아지는 것.

한없이 주는 것.

하늘과 땅과 굽어진 허리가

비로소 수평이 되는 것.

매사에 당근인 것.

잠시 추억에 젖어

내 어릴 적엔 피라미 어항이었다가

꽃밭에 물조리개도 되었다가

비오는 날이면 책보따리 허리에 묶고

달릴 때 바톤이었는데.

길 위의 삶

돌고 돌아가는 길이 꽃길이라고

백발이 되도록 꽃길을 걷고 있네.

아무렴 그렇고말고

내가 가는 길이 바로 꽃길이지.

봄나물

바라만 봐도

참기름 꼬신내가 난다.

솜이불 걷어내기가 무섭다.

아들의 카톡

내 아들이 방금

불알 두 쪽 또 얻었다네.

또 아들을 낳았다네.

오늘 장사 접어야겠네.

진심

속 터지던 가슴을

활짝 열어

다 보여 드리니

비로소 속이 후련합니다.

한 대의 힘

나의 할아버지도

나의 아버지도

저 힘으로 견디셨을 것이다.

쓰디쓴 담배 한 대의 힘으로.

나는

주는 대로 먹습니다.

편식도 안 합니다.

똥오줌도 거리낌 없이 먹습니다.

아무거나 먹어도 향기롭습니다.

건너가기

잠시,

생각 없는 시간을

건너고 있다.

사바의 바깥으로

돌아가고 있다.

환생

백천만겁 쌓은 인연

한 순간에 피어나네.